Liefde se Maan(d)

Die Digtershuis-Liefdesgedigte

Samesteller: Philip Nel
Omslagontwerp: Malherbe Uitgewers

Geset in Calibri 12pt

Uitgegee en gedruk deur
Malherbe Uitgewers

Voorwoord

Soms word 'n bundel lank vooruit beplan. Ander kere gebeur 'n bundel. In hierdie geval was dit 'n spontane, aanvanklik onbeplande aksie met 'n verstommende resultaat.

Die gehalte van 'n week-uitdaging se gedigte by Malherbe die Digtershuis was van so 'n standaard dat ek en Heleen Malherbe van mening was dat hierdie gedigte as 'n eenheid gebundel behoort te word.

Hierdie bundel liefdesgedigte bevat werke van meer en minder bekende internet digters. Dit is 'n versameling hartsgedigte waarin die essensie van die lewe en spesifiek die mens se vermoë om lief te hê by wyse van woorde, voorop staan.

Ons is trots om hierdie bundel, wat beslis 'n wenner gaan wees, aan u bekend te stel.

Philip Nel

My lief, die dag se mure verbrokkel
dis aand...
die sagtheid van jou arms
die deernis in jou stem
die liefkoos van jou oë
in ons samesyn

laat my dink aan hoe die liefde moet wees
sag, lankmoedig en vriendelik
die klimaks van leef
die opoffer en gee
die ontvang en dankie-sê

daarom gee ek myself
my liefde aan jou
en ontvang ek terug daardie
sagte liefdesblik...

my lief
die nag omvou ons en
die liefde word volbring in ewigheid saam
as jy my liggaam... my siel sag streel
en weer-en-weer ontdek tot
ons saam die volmaaktheid...
...die klimaks van leef beleef

Heleen Malherbe

INHOUD

Liefdes-ode

Salvia Ockhuis

Ons raak weg
in elk-ander
se liefdesfontein

waar ons:

oorvloedige brood
gulsig breek
en met oorgawe eet,
uit boordensvol bekers
mekaar se wyn skink,
proe-proe dié heilsame
heildronk drink;

tuimelend tussen
die teerheid en drif
van lieflek-tonge,
lippe wat met soene seën,
aai-hande wat
oor lokkende kontoere
en in droomsagte voue
beeldskone gedigte
in verruklike taal skryf
en deurweek met
die sagte glans
van 'n volsirkel-maan

tussen skitter-sterre
en opwindende planete
sweef-sweef dryf...

om eindelik iewers
in die nimmer-einde
van die heelal
ekstaties
te oerknal.

Mag eendag
in 'n naskrif-gedig
- selfs met
skaarste aan oorvloed
en weinige wyn -
ons liefdes-ode
se witter lig
meer helder
as al die sterre skyn.

Liefde met stilswye...
Linda Van Den Berg

In skemer, sagte kleure
waar son sy strale,
skitterglans oor water
kom skilder,
het ek, my lyf
styf teen joune
kom rus, in die hoeke van
jou mond, diep kuiltjies...
jou hande, in myne toegesluit,
jou oë, so sag,
in myne gekyk.

Lees ek jou reg? (bewondering)
jou oë vol diep geheime,
en, jý...
deel dit net met my,
nêrens het my hart 'n ander
kon vind,
as vir jou,
my beminde,
hier diep, tot selfs só diep
as die kamers van my hart,
het jy diep voetspore
kom vleg,
net één soen,
van jou,

het my hart in ritme tot die
mag tien versnel...
in jou oë, vonkel sterre...
wat my hart nog moet verwerk,
geen klank,
net jou stilswye.

In oomblik,
was alles tydloos,
my hart totaal verower,
En jy...
my hart se held...

Die liefde...

Sonja Brown

jy's die lelie van my velde
jy's die duif in my lug
jy's die weerlig in my storms
jy's die hemel in my sug

jy vou my toe in jou wese
en fluister wit begeertes
in die stomtaal van die hart,
jy soen my oopmond
tot my siel ryp oopbars
en granaatpitliefde reën

jy asem my in,
ek asem jou uit,
ons wasem warm teen my vel se ruit,
jy dryf my met ritme,
en salf my met saad
wat yw'rig deur bar grond beur
om vernuwing 'n tweede kans te gee,
dan... wanneer die eggo's antwoord gee

en die berge in my borste uitasem tevre'e
skadu's teen jou sweetpêrels maak
rol die besef soos tienerbranders
in nimmereindigende regop golwe
na my hart se brandende sand toe
en ek weet...
ek min jou!

jy's die lelie van my velde
jy's die duif in my lug
jy's die weerlig in my storms
jy's die hemel in my sug

My lief

Elize Willems

as ek oor liefde kon skryf
sou ek skryf oor jou
ek sou skryf oor jou bruin oe
waaruit liefde soos golwe teen my aanspoel

ek sou skryf
oor die sagte gloed in my lyf
as jy my toeknoop soos n woltrui
ek wil oor jou
liedjies skryf
met dieselfde ritme
waarmee jy met my dans
inpas met my, en ek met jou

vir jou wil ek
troetelwoorde wasem
oral oor jou lieflike wese wil ek
spore trek met tintel vingers
my naam op jou verewig

ek wil skryf
sing
en fluister
oor jou
oor ons
en die bruin in jou oë
waaruit liefde soos golwe
teen my aan spoel
my lief

Wanneer jy aan my raak

Alida Appelgryn

Kom saam met my
na dáár waar tyd
swyend
stagneer...

Ek wil my knus kombers
oopgooi
oor die rooi volmaan,
en beskonke raak
van jou "sweet rosé"
sodat ek myself
volkome
vreesloos
oorgee aan
jou mag.

Ek wil vir ewig
verdwyn in die
beswyming
van jou liefde,
wanneer
jy sagkens
aan my raak,
die simfonie
van ons harte
een word,

ons die
musiek
van
hartstog
kan
hoor
pols...

Ons alleen
in die heelal.

Jy is...
Dawie Louw

jy is die antenna
van my televisiestel
sonder jou
is alle beelde vaag

jy is die skakelkode
van my telefoon
neem jou weg
en elke oproep lui beset

jy is die handelsbank
van my hele wese
by jou
deponeer en trek ek liefde

bo alles is jy die suurstof van my long
want sonder jou
is ek dood
en sónder strewe

maar nou kan ek
kyk
luister
liefhê
en lewe

Die einde...
Sonja Brown

jou vingerpunt s' huiwering
laat sekondewysers vries
en my stywetepel knoppiesvel
hou asem op vir dit wat kom
want
jy vertel 'n storie sonder woorde
met die sugte uit jou mond
en die inhoud boei my tot by die slot

al is jy by my verlang ek na jou
en die felheid daarvan steel my asem

ek is jou kladpapier
jy my drukskrif griffel...
jy vul my lyne tussen punt
en tussen komma
met uitroeptekens
tot ons lees vlot word;

die einde.

Laat dit so wees...

Hendry Kortje

ek wil weer beheer verloor
my asem soos 'n engelekoor
genadiglik oor jou kunstige klowe laat klank

sagkens wil ek weer tere kitaarklanke uit jou soog
soos 'n meester in braille met vingervroetel betoog
waar sagfluister ons kollektiewe gesnak vertroetel

kom vly jou langs my neer my lief
ontdek só ons sugtende reise en
laat die pers van jou roksoom oor my fladderdroom
... die sensueel van jou bo-lip my tong in sy eie
ondersoek lei

laat toe dat my woorde met eksotiese akkoorde
oor jou heuwels én in die doodsdal struikel
laat die ontkieming in die uitgestrekte valleie val

laat ek soos 'n snuffelgids naspeur
tot knap voor vulkaniese fonteine
'n geskokte stilte meeleef
... dawerend tot ruste kom in erotiese gebeef

Troubeloftes
Wendy Leigh

Ek sal jou lief hê soos myself
ek sal diep in God se hart delf
om Sy dogter se porselein hart
te kry
ek sal my hart as pand gee
om joune van enige smart
te weerhou
koester en styf vashou
ek sal jou voete vir jou was
dit met salwing olie insmeer
om te keer
dat jou voetspore
op verkeerde grondgebied land
ek bring geregtigheid tot stand
ek sal die vuurpyle wegklap
as skuld vir jou dien
en elke bose plan vertrap.

My eie hart vir jou bedien
dit gee as offer om te hou
sodat jy my volkome kan vertrou
ek sal jou glinsterende oë
in myne laat staar
daar
waar toekoms berge vooruitsigte baar.
Ek sal my lewe afstaan

net soos Abraham vir Isak sou gee
so sal ek myself op 'n klip tafel vasbind
met 'n gelowige hart my lot betree
ek sal daar wag sonder verset
totdat ons Vader my vat
losknip
RED
en Sy wet
in my hart berg
Ja
ek sal sterf
vir jou
want jy is geleen aan my
om op te pas
dit is Hy wat my met jou toevertrou
ek sal eer gee
en daaraan vasklou.

Ons liefde
Dalene Mellet

sag gly jou hand in myne
sag jou soene teen my rug
strelend
helend
vlieg jou liefde oor my gees
net so rein soos duiwe
fladderend dog seker
tot die oorloop
van my hart se beker
sag vloei jou woorde in my oor
sag jou aanraking wat my só bekoor
daar flits emosie in jou oë -
wanneer jy sê: "ek het jou lief"
kan ek jou glo
sag
sag
is ons saamwees, my lief

Droombeeld

Hendry Kortje

in my laasnag se droom kadoef 'n perd se hoef
willekeurige klanke in ritme
… en ek sien jou versluierd in deursigtige wit
met ingehoue passie omvou 'n satynsagte kleed
beide lief en leed en aksentueer jou elke asemteug

dit drein my leeg waar strikkies Je Taime" koppig kleef
en nuwe geboortes (soms) gillend gebeur sonder pyn
ek aanvaar jou uitgestrekte hand
(en in my droom stort ek oor die rand)

deur jou gehyg in my oor verloor ek my balans
en voor ek kon keer breek ek deur 'n wasige gordyn

knielend in godsdienstige gehoorsaamheid
blaas ek koorsagtig teen jou marmerskoot
waar spelonke spelende waters berg

ek aanvaar jou uitgestrekte hand
(en in my droom stort ek lewe as 'n pand)

… in my laasnag se droom kadoef 'n perd se hoef
willekeurige klanke in ritme
'wyl sugte in sagte nag verstil

Liefde genees
Velma Barnard

jou bekoring glans
uit die blik in jou oë
as jy na my kyk

ek verdwaal onder die sy
van jou hand
wat oor my skouer gly

my hart week
as jou forse beeld
my horison breek

en fluweelryke note
van jou stem
my oordrom streel

in jou opregtheid
word my menswees
stil-stil genees

vind ek krag
om môre te trotseer
sonder vrees

As die taal liefde is

Floris Van Zyl

Ons stap vir die eerste keer
weer deur dié duikweg, waar
ek jou soveel jare gelede
die eerste maal gesien het.
Jou gesig was beeldskoon teen
die kras graffiti wat jou
raam, my woorde to nog
lomp en skaam en min.

Ek onthou ons somers tussen
bloeisel boorde waar ons
liefde soos plomp geelperskes
uit vrugbeginsels ontvou het.
Ons het mekaar se grootste
geskenk gulsig geproe,
weer en weer die nektar
opgeslurp, te bang vir die dors.

Jare later hang jasmyn
en laventel swaar in ons
blommetuin, die een wat ek
moes bou, perskeboom vir onthou.

Jy wou nooit rose hê,
die reuk het jou glo naar
gemaak, maar ek weet nou
jy wou my net die moeite spaar.

Met ons laaste Kersfees
was die skril stemmetjies van
kaperjollende kleinkinders
die hele huis vol.
Ek sien jou oë opdam van pure
genot as jy "Oumie! Oumie!"
hoor en jy die kleingoed
net 'n tydjie langer kan vasdruk.

Hier sit ek nou met my
hand in joune, ons jare
vasgevang soos die ringe
binne seder, ons kruistog saam.
Ek voel jou hand saggies
verslap in myne, myne wat
nog klou...ons liefde was 'n
oomblik wat 'n ewigheid sal hou.

Liefdeslied
Marianne Buys

Jy streel my hart se snaar
trillings deur my lyf
tot diep in my hart se kamer
liefdeslied in vioolklank.

Liefde teer en sag
gebring in maanlignag
jý die serenade in my lyf
vibreer my hart se snaar
ritmies op ons eie
Eine Kleine Nachtmusik.

Daglig se rooi groet
weerklink in simfonie
ons liefdeslied ontvou
rooi roos teen my bors.

Saggies toegevou
liefde in harte
liefde so teer
wêreld vergete
net ek en jy.

Jy speel jou liefdeslied
vibrasies diep in my siel
'n liefde innig en diep
koesterend toegevou.

Ons liefde se sambreel ...

Jessica Campher

Wel dit maak nie
eintlik saak nie
wat ander
daarvan maak nie

want almal weet tog
daar's geen kaart
wat die rigting
van liefde se pad
kan bepaal

geen atlas
wat straatname wys
of pyltjies om ons harte
voor te skryf

al is daar potholes op ons teerpad
al is ons berg se pas soms steil
sal die heuwels wat in ons harte duin
ons na mekaar toe lei

al word ons laagwater brûe oorspoel
al word ons crossroads se kruise te veel
sal ons voetpad altyd droog bly
onder ons liefde se sambreel.

Jy wat my ...
Jessica Campher

Jy met daglig-duiweltjies
in jou oë
en engeltjies in jou hart
wat my nader lok
met jou lippe
en my met jou woorde
tart

jy wat my wêreld
sonder waarsku
sommerso
onderstebo
kom gooi
my sterre-stelsels
met die maan laat bots
terwyl jy fairy dust
blindelings
in my oë bly strooi.
Jy wat my aarde
argeloos
om haar eie wentelbaan
laat tol

wat my depro dae
soms stil maak staan -
elke oomblik vir altyd saam
in ñ awesome ewigheid
laat stol.

Jy wat my binneste
weer kom vol maak
my dae met lag inkleur
met jou onvolmaakte perfeksie
weer meaning
aan my lewe gee.

Jy wat juis nou
my pad moes kruis
om met jou liefde
my te seën
jy wat met my deel
die son se glans
en my in die reën
laat dans.

Eenheidsvlam

Velma Barnard

my lippe olyfolie sag
om my beminde te liefkoos,
welriekend sprei my nardus se geur
sy oë verklééf ...
aan my hangende tuine
wat heuningsoet betowering
d
r
u
p
ons vervleg, verstrengel,
hy in my
en ek in hom
'n passiedans wat repeteer
wat een en een
tot een muteer
g
o
o
h
reik ons eenheidsvlam
smeulend warm
meer kosbaar dan mirre
of koninklike purperkleed
meer edel as sterkste metaal
en meer nootvas as 'n goue simbaal

Wat is die liefde?
Alan Maasdorp

Die jump boy
oppie taxi sê
dis blare wat
bloedrooi bloos
as herfs verskyn.

My ouma voel
dis die son
wat sak sodat
die maan kan skyn.

Houtbaai se vissermanne
meen dis die see wat
elke dag strand toe hol
al word hy elke keer teruggestoot...

Vir my
is die liefde
bloot net
jy.

Reeds met

Salvia Ockhuis

die eerste sien
het ek jou bemin:
in daardie oomblik
het vir altyd
my ewigheid begin.

Nou - na al die jare
sou ek graag
wat goed en mooi was
wou onthou,
maar tyd het
met verkalkings
so veel van my
weg gevou,

maar in my diepste dieptes
leef jou naam -
jy's in my nooit-vergeet:
my hart
sal altyd helder
van jou weet.

Offer
Cecilia Laing

Ek wil vir jou 'n stukkie bos kom gee,
soos 'n offer lê ek dit aan jou voete neer;
ek wil jou siel was met die silwer saad van die
somergras;
jou neem tot waar die Magaliesbergreeks

in groen klowe breek en tarentale in die kolk
van goue branders nes kom skop;
'k wil jou wys waar die wildsbok lam
en die reën teen die hemel dam;

'k wil vir jou die son gaan vang
en in my twee hande vir jou bring,
sodat jy die gloed
van my liefde kan voel.

Onstuimig

Velma Barnard

branderspat my skat
die ritme van jou hart
onstuimig wild

ek wil jou voel
met elke vingervat
jou hart rondwoel

maak my jou hunker
as die nag se sterre flou
en oggendstrale blinkerblink
op die gras se dou

laat my menswees jou toevou
en jou wieg met warm
smaglip soene

groubakstene van verbrou
kan met uithou en volhou
steeds pragkastele bou

jy die prins van ouds
wat dapper ridder is
en ek jou feëprinses
waar jy jou hoof kan rus

Stille fluistering.

Arnold van Zyl

Die tuin is beklee in lowergroen
aromaties en bloeiend jou ontwaking
skugter in die tuinhoek wink jy vir my

in die oggendstond lê jou verleiding
helder en skitterend deur dou se hang
met pretensie penetreer dit my siel

jou ontsluiering ontsluit my gevoel
deur die vensters van jou innerlike
kry ek die boodskap reg gelees

jou blos, my blik, 'n riskante kombinasie
onverpoos die liefdestem-fluistering
'n passie wat die hart laat kantel.

Sonder jou

Emsa Haasbroek

My ink te min vir hierdie woorde,
ek voel geseënd met jou in my lewe.
Jy 'n geskenk van Onse Vader
langs my vir 'n rede,
jy is my droom waaraan ek vashou,
by jou kan ek myself wees.

Jou glimlag laat my juig elke nuwe môre,
my sonskyn in elke koue winters nag.
Jou liefde geen grense,
kan nie leef sonder jou.

Sonder jou is ek soos 'n kompas sonder rigting,
verdwaald op my weg.
Sonder jou is my hart oneindig leeg
soos 'n lighuis, sonder daai helder lig.
Sonder jou sal my lewensboot vaar met gee stuurman,
sonder jou is ek niks
kan ek nie lewe sonder jou.

Somer skatkis

Philip Nel & Jessica Venter

Met 'n stom stang as my genoot
beur ons in 'n vreugdevolle vol galop
my wese vibreer woes met die wete
dat na 'n ysige winter ons somer hier is (Philip)

my verlange wat
soos mis oor my hang
l/i/g met die besef
dat my hart nog altyd
aan jou behoort (Jess)

jou polsslag in my are bruisend
met jou skoonheid wat my nooi
jou kontoere nou met weersien
steeds die padkaart na jou skatkis
eens onbereikbaar in ligjare verwyderd (Philip)

hier staan ek nou
met my liefde
binne jou bereik
want my hele wêreld
draai rondom jou (Jess)

my lewensklop onverdeeld
gefokus op jou ontvanklike karmosyn hart(soos watte)
waar my 'songs' vir jou ontstaan
in diepste kelders van my bestaan(Philip)

ons liefdesritme
sal vir ewig harmonieer
totdat
die heelal
vergaan (Jess)

In swye van stilwees.
Arnold van Zyl

Al is ek sonder koer-woorde
vêr verhewe bo nieumodiese geskal

my warm ritmiese hartklop
is nog in die tydskaal

op die bergkrans van my hart
sal jy die warmte van my swye vind.

Immerkelk
Velma Barnard

Mag jou oë my kus
soos die strale
van 'n skemerson
mag my minne
jou onophoudelik laat blom
fors en trots
nes seders
vanuit Sipres

laat ek altyd oor jou sag,
my hart 'n Sarons' roos
wat liefde vind,
uit jou hande se immerkelk

ek wil soetwyn wees op jou tong
jou dors les soos waters
wat uit die hooggebergtes kom,
as ons sangtyd in hoë note trom

laat die tortelduif se roep nooit ophou
om ons samewandel te begroet
en ons mekaar elke dag bekrans
met krone wat suiwergoud glans

Ridder van drome

Ria Richards

'n Ware verhaal

Ek het altyd gedroom
van 'n lang fris man
met lang blonde hare
en oë so blou soos die hemel.

In my droom verskyn hy van agter 'n boom
hy vat my hand help my op sy perd se rug.

Op die ritme van my hart
en my arms styf om sy lyf
galop ons deur die nag,
die nuwe dag tegemoet.

Maar toe skrik ek wakker
van klippies teen my ruit,
deur my kamervenster
sien ek die lang maer man
deurmekaar donkerbruin hare
en ewe bruin bokkie-oë.

Het ek dalk vir hom 'n kan,
vra hy met rooi wange,
sy kar het sonder petrol
by die robot gaan staan.
Die witperd van my drome

is toe 'n rooi Goggomobil
met deure wat verkeerde kant toe oopmaak,
en sitplek net vir twee,
wat sonder petrol by die robot
in Proklamasieheuwel staan.

Silwer randjies
VonVillon

My hangmat wieg sinkroon
met die ritmiek
van kopergroen golwe,
op 'n witsand strand uitgerol.
Ek is sagsinnig
in die strelende
sonstraal-stortbad paradys.
Van onder my veldhoed sien ek,
die fatsoen van my sonbruin voete
in hul pendulum swaai -
skitter silwer
teen die vleklose diepblou uitspansel.
My hangmat wieg hipnoties
met skitter silwer randjies,
en teen die vleklose diepblou
het ek gedink aan jou -
Jy is die ritme
van kopergroen golwe
en die sand waarop hul uitrol.
Jy is die skyn van elke sonstraal
en in wie ek kaalvoet kan verdwaal.
Jy is die een wat my oë laat skitter
in 'n donkerblou uitspansel.
Jy is die skyn van elke sonstraal.
Jy is my paradys.

Vat my

Wendy Leigh

Vat my soos jy 'n braaitang vat
draai my oor die kole om en om,
braai my perfek vir proe
maak die sap om my gebeente warm,
laat die lus binne jou talm.

Neem my stuk vir stuk
laat my toe om jou sintuie uitmekaar te ruk,
ja pluk
my van my bene af,
verlustig jou aan my smaak.

Sit my tasbare self
binne jou proe kanale neer,
doen dit weer
en
weer
laat my toe om jou lus op te beur.

Was ek lekker
was ek smaakvol
was ek die een
wat jou begeertes
op hol jaag,
stol my vrouwees
in jou mond?
Herkou aan my

totdat jy lekker kry,
neem nog
en nog
en nog,
hartstogtelik
na
smaaklikheid.

Minnespel

Loumie Oosthuizen

Smeulend
dralend
sensueel
is die honger
na jou.

Strelend
tintelend
apogeumies
is die kadriel
van die siel.

Ritmies
bruisend
konflueer
die wulpsheid
van die vlees.

Ontoombaar
hartstogtelik
oerdrang-rou
is my liefde
vir jou.

Die Liefde
Dalene van Niekerk

ek is tog só verlief op

Die Liefde
die heel mooiste fenomeen
veronderstel om my
van eensaamheid te speen
sommige lewe dit 'n leeftyd
ander net 'n dag of twee
vir 'n knippie daarvan

(ag verskoon tog die verstuitigheid)
sal ek 'n voortand gee
*Die Liefde bars in en alle vorme van wysheid
saam met my knieë gee mee

Die Liefde
**maak idiote van ons almal
so sê die lied
nooit ooit weer sal ons dieselfde wees
dit is eenvoudig in klip gegiet

*Verwys "Love changes everything" - Michael Ball

Baldadig verweefd

Philip Nel

Ongesiens
ongenooid
die vleg
van 'n band
edel verweefd
ons sintuie
oorgehaal

ontvanklik vir
gedagtespore
as skakels na
'n hoër dimensie
waar aardse as
in tyd verwyl
ons twee in
ewigheidsuur
baldadig
smeulend
smul aan

'n grootse vuur
onblusbaar
lank reeds
agterstallig

Lepellê met die liefde
Sybie Kleynhans

hand aan hand met die hartstog
saamvoet-trap in dieselfde kronkelpad
en onder die sterre se reën
twee word een
een word alles
harte in harmonie
deel drome in die toekoms
geen waaroms
geen hoekoms
woorde van vreugde
gedeelde gedagtes van goud

lepellê lê met jou liefde.

Wens

Zebulon Kochk

My skone biesiepol
met die mooi gesig, steenpuisievry

wees vir 'n slag 'n lyfwringer
en langasemdans saam my
deur die Paarl Vallei

of kom ons wees smoelers
onder 'n tamatiepruimboom
en sing 'n samesynlied
'wyl reënwolke haelkorrels
soos kiepiemielies skiet

kom ons verloor ons
ontelbare male in 'n droom
waar ek en jy:
op die rûens van bruinbontperde sit
en bruilofsfees geniet

vir daardie oomblik sal ek aanhou
met fotografiese geheue bid.

Net liefde, so eenvoudig

Kobus Minnie

my hart tamboer sy slag
op maat van my liefdes simfonie
wat bedoel is om jou te laat lag
en jou te laat vergeet van al die seer

ek het geen rykdom om te gee
nog minder kan ek vir jou die heelal gee
ek is maar eenvoudig
en ook nie veel vir die aangesig

wat ek jou wél kan offer
is als van my
my hele wese
en my hele hart

ek hoop dit wat ek jou kan gee
is genoeg om met jou 'n liefdesband te smee
so sterk
en sonder "Achilles' heel"

sodat ons liefde
baie seisoene
sal oorleef
al is ons hóé afgeleef

Onversoend

VonVillon

In die palm van my hand
wapper 'n purper vlam,
verhongerde vuur
wat diep in jou vel brand.
Onder regspraak onherroeplik,
met oë omhul in jou fatsoen
staan ek onsterflik
en die dreunsang
van die onstuitbare
is vir eers gestil.

Tyd behoort tot dan weer aan ons.

Liefdes vulkaan...

Marsofine Krynauw

Vulkaan...
verward
verwond
verraai
in liefde versmaai

vind jy my -
in die winter van my lewe
met middernag
op die rand om na vergetelheid val

maar
daar was jy
verskyn jy
uit die niet
ryk jy my die hand
sterk en onbevrees
vir die bloed
wat uit my liggaam drup

teer tel jy my op
druk my gebroke liggaam
teen jou vas
met tyd streel
jy my wonde heel
vul weer my hart

met
geloof, hoop en liefde
en by die fluistering van my naam
breek my hart oop soos 'n vulkaan

om passievol
weer
die liefde
soos rooi lawa uit te spoeg

totdat ons albei
soos die vulkaan
uitgewoed

tevrede
in mekaar se liefde rus...

Die Donsveer van Jou Liefde
Anton Bosch

Die donsveer van jou liefde
het saggies in my hart se nes kom lê
terwyl ek anderpad gekyk het
het dit sonder woorde als gesê
wat ek wou hoor
en toe ek omdraai in jou oë kyk
het ek die diep verhaal gelees
van stryd en wen en weer verloor
en opstaan voortgaan weer probeer
jou siel het jy ontklee
om naak ontbloot voor my te wees
en ek met onbeholpe hande
druppend van die bloed
het na die veer gereik
wou van jou nektar drink
tot ek verdrink het in jou soet

Sal jy my nog liefhê

Drienie Joubert Kelly

Sal jy my nog liefhê
wanneer stilte oor my breek
wanneer ek vasval in my gisters
en die môres oor my wreek

wanneer die oomblik van onthou
net flou vlam in my oë
en ek net vir ń wyle
weer genade kry van bo

sal jy my nog liefhê
wanneer my tong in verlamming lê
wanneer ek nie meer die woorde
kan sê wat ek wil sê

wanneer die ouderdom my gevat het
en my skarniere skreeuend kraak
wanneer my hande nie meer wil vat nie
en my voete het gestaak

sal jy my nog liefhê
wanneer die lig in my verdoof
wanneer my laaste asem hyg
en die dood my van jou roof

wanneer die kluite op my houtkis val
en die wilgerbome treur
wanneer die aarde my finaal insluk
en die stof my vlees verteer

sal jy my dan nog liefhê...

Maanligsimfonie
VonVillon

Nagliginstrument, naglig in sy fleur
die melodie van smart
gevleg in hare swart soos hartseer.
Nagligtoon, nagligklank
in die glans van haar glimlag
het ek afgebrand.

Maanlig sag, maanlig roos.
'n Wegsteekseer nooit getroos,
vind steeds eiland oë gegiet in brons
wat dryf in 'n melkwit see van hoop opgelos.

Maanlig-kroon, maanlig-droom
die ligroos bloos op elke wang
omsoom met die hunkering
na liefde rou, na liefde eg.
En ek het verdrink
in ligroos poele van verlang.

Ridder op die wit perd

Ansie Drotsky

Ĵy ...
Ridder op die wit perd
ĵou
hand het jy na my
gestrek
hipnoties my oë
verstrik
aan joune

Ĵy ...
ridder op die wit perd
ridderlik
het jy my hart
gesteel

jý ...
ridder op die wit perd
voete
van klei
mag jy hê,
menslik
mag jy wees
maar my hart
het ek by jou
verlê

Vier en 'n half dekades

Ria Richards

My hart galop uit pas
toe hy my die eerste keer soen
later kom ek agter
dis wat liefde aan mens doen.

Onder die jakaranda in Kerkstraat
vra hy my om te trou
ek sê ja ek wil alte graag,,
hy sê wat van sommer nou.

Bang, onseker, huiwerig
onkundig oor die huweliksnag
sag, verkennend, versigtig
volg ek sy leiding sag.

Môre, presies 45 jaar later
voltooi hy steeds my sinne
weet hy wat ek dink
nog voor 'n gedagte beginne.

Die strykstok

Melandi Louw Loots

hy tel die strykstok op
SY, perfek gevorm teen sy nek
liefkosend druk hy haar
teen die polsing van sy smagting
sy eerste streling sag
haar hele wese in afwagting ...
sy ritme n skor-fluistering -
verweef oor die snare van haar hart
met elke aanraak-akkoord -
asemsnak haar vrouwees
sy hande begeer om haar
vir ewig vir hom te toonset
hul bladmusiek,
toonhoog-sensueel ...

Kom raak aan my

Melandi Louw Loots

kom raak aan my weer
soos ons laaste keer
asem-smag my geur
warm-wasem jou hartstog
oor my vrouwees neer
skor jou woorde af teen my nek
begeer my sag en teer
vingerpunt oor my rondings
en speel met my soet in jou mond
naak my hart vir jou ...
terwyl jy fluister-vra
wees lief vir my
en my siel asemloos-antwoord
ek is reeds
ewig, ja ...

Ligmyle

Cecilia Laing

Ek is die koepel-aand;
jy is die pêrelwit maan.
Jy is die traan oor my wang,
as ek na jou bitterlik verlang.
Ek is die nagwind,
wat jou wolke verdring.
Ek is die wals
waarop jy dans;
deur jou hartvensters
en sterre flenters
laat ek my spore
tussen jou drome,
sodat jy my kan volg
sonder om te wonder;
oor 'n duisend ligmyl
is jy steeds naby my

Soetste verleiding

Jessica Venter

jou sagte sensuele soene
-d-r-u-p-
sy goud
oor my honger hart
en elke aanraking
van jou warm lyf
vlam deur my siel
jou passie
is die nektar
waaraan ek heeltyd wil proe
want jou liefde
is die soetste verleiding
en ek wil elke druppel
taai geniet

Oor Kosmos en sentimentele siele.

Elize Kruger

Op n vroegherfsdag
het jy my hart vir jou gevat
jy met die blousel in jou oë
soos die lug op 'n wolklose dag
kuiltjie in jou wang, guitige lag
herfs was nog nooit vir my so mooi
kosmos was in volle blom
pienk, pienker, pienkste
malse bondels kleur
het jy in my arms gedruk
dit het geruik
na liefde en geluk

Ditto
het ek gesê
toe jy sê jou liefde vir my is infinite
soos seisoene
vir altyd
eindeloos
ewig

Langs die pad
blom die kosmos nog
maar ruik nie meer
soos toe jy dit vir my gepluk het nie
dalk verbeel ek my net

dat ek jou mis
dat die blomkleure
meer stemmig is
die lug 'n bietjie gryser
dat liefde verwelk
en dat jy
miskien
net soms
mý gesig weer
in jou hande wil kelk
my soen
as dit herfs word
op die Hoëveld.

Lag

Cornelia Smit Grobler

Ons het ontmoet,
maar ons wou nie weet nie

Toe ons moes groet,
kon ons nie vergeet nie

En ek hoop ons lewe vir ewig in mekaar se lag...

Dans van die lente

Erika Marais

Die dans van die lente - wat ligte briesies waai -
al in die rondte.
Lente geure en warm kleure, en jy wat lekker-lê in my
hart se holte.
Hoe lief het ek jou tog nie, hoe lief.
Sê my, vra my hand -
sê asseblief.

Lente in die lug.
Vry in vlug.
Want wie tem jou om my lief te hê,
en wie tem mý om dit te sing en te sê.

Sterre

Aranka de Klerk

Ek skryf gedigte
met vingerpunte
op die naat
van jou lyf.

Skets konstellasies
met die sproete
op jou rug.

(…hier rus my toevlug…)

En as my liggaam
soos 'n legkaart
in joune invleg

besef ek

ek is jou maan en jy,
Jy's my wentelbaan.

My brief aan jou
Erika Marais

ek het aan jou 'n brief geskryf
jou vertel hoe ek jou bemin, met my hele
hart, siel en lyf
in ink het
ek verdink
my hele hart voor jou
neergelê
dis vir jóú, jou alleen
wat ek wou hê
geseël
gepos
gehoop
gewag vir Ruiter se galop

toe! het die tyd gestop
jy het voor my kom staan
jy het gelees - my taal verstaan
en vannag as die ure bevestig dat ons alleen onder die
maanlig is,
weet ek gewis,
daardie liefdesbrief
was die moeite werd, nè my lief,
want ook jý het vir my alleen lief

Vlug van vlinders

Marlene Erasmus

Die lug is eensklaps elektries gelaai
toe jou tienerblik in my rigting swaai

daardie raaksien die heel eerste keer
die blik sweef soekend so teer

die maag-omdop verlore en verlief
so word jy onverwags my hart se dief

vingerpunte vleg deur tere aanraking
as liefde vloei uit stilsagte ontwaking

dekades het verloop met eb en vloed
maar steeds brand ons liefde se gloed

saam het ons grootgeword en gegroei
selfs wyl winde van die lewenstorms loei

wetend sal jy my vertroostend veilig toevou
in die kring van jou arms kan ons liefde aanskou

jy is en was en sal altyd wees die een
wat my met jou ewig liefde bejeën ...

Koningsvrug

Velma Barnard

Heuningsoet
rus jou voorhoofkus
'n duursame balsem
in my gees

kunstig verkwik jou hande
die heuwels van my vlees
jou opbrengs vrugbaar
in my volle menswees

knus in jou koester
is jy my bergskuiling
en veilige vesting
in daaglikse bestaan

snags deurdwaal ek my drome
soekend ook in wakkerwees
om jou voetval se spoor te vind
my hart wil laer trek, tenttoue vasbind

granaatsoet lok jou lippe
my mond se oopbreek in 'n kus
soos 'n lelie van die veld
gewillig om voor jou minne te kelk

ons liefdesopbrengs styg volmaan

'n kosbare aroma, bekoorlike geur
van kalmoes en diep saffraan
'n chrisolietmantel tot Sy eer.

69

Fluister woorde
Linda van den Berg

Sagte woorde versink in my,
fluister-woorde van liefde in jou engeloë,
die geur van lyf,
soos 'n dwelm vloei deur my are verlam my, stadig

soekend na jou arms,
in-ge-nes in liefde eg

proe jou mond vol melodieë
dans ritmies, volg my oë,
dans my lief, dans met my die liefdeswals,
harte versmelt in een

jou oë sag, verlei my en ek verdrink daarin
jy my engel, dans diep liefdesspore tot in my siel,
nag rustig, nag fluister woorde, ek hoor steeds jou
stem
woorde vol liefdes- akkoorde, my wese vol van jou
gevloei,

voel jou asem, speel in my nek
proe jou woorde drink dit op,
sluk vir sluk uit 'n kelk,
jy my engel, my hart vasgemaak aan jou.

Ek mis jou
Melandi Louw Loots

bly nog so n rukkie by my
as die dag sy goud breek
en ek jou in my koffie ruik

ek mis jou
bly nog so n rukkie by my
as die onthou van jou lekker lag
kom vassit aan my vel en om my lyf

ek mis jou
bly nog so n bietjie naby my
en hou aan my hart vas
soos die geur van jasmyn
aan die aandwind klou

Bly-Bly-Bly...vir net nog n rukkie hier by my

Ek wil...
Philip Nel

Ek wil jou knus kom sus,
in my vuur tydsaam louter,
dan luister na die tromme
van jou doef - doef hartsgalop.

In 'n son wat sysag skoon skyn
sterre speels romanties rinkink
wil ek lewe eerstehands ervaar,
'n bewoner van jou roetes word.

Ek wil bevry word van kommer
oor onbenullighede en fokus,
op dit wat saak maak   J-Y,
sodat ons h-u-p-p-e-l-e-n-d
in die onverganklikheid van
'n band vir baie nie beskore,
tesame kan sing en dans.

Die Sleutel van My hart

Anton Bosch

Jy is my potjie bier
as ek laatnag eensaam
sit langs 'n bosveld vuur

jy is my kelkiewyn
wat sing as die maan
agter die berg verdwyn

jy is my oseaan
wat klotsend teen die rotswand
van my hart kom slaan

jy is my ankerpaal
waaraan ek vashou as die
hartseer dreig om my te haal

jy is my vonkelwyn
waar deur die son se lig
vir my kom skyn

jy is my kers se lig
as ek bang word en ek
amper voor die donker swig

jy's my opstaan
my gaan slaap

jy's my goed word
na die kwaad

jy's die een wat by my staan
as die storms om my slaan

jy's die een wat vir my wag
in die ure van die nag

jy's die sterkte van my staal
wat my optel as ek faal

jy's die wit teenoor my swart
jý, die sleutel van my hart

As my voete

Lukas Hendricks

sy laaste spore
op 'n skulpiestrand
druk
ek op 'n seilskip
die oseane invaar
in my drome skuil daar
meer geen gevaar
waar die alfa en omega
net die lente is
'n lewe
'n leeftyd net 'n warrelwind was
gaan kyk
ek het van jou 'n prentjie in die sand geskets
die winde dryf nog steeds wes
die son het jou skadu's
in my siel
afgeëts
'n veertjie van my vlerke
het jou pen
geword

Wingerdhout
Lukas Hendricks

Wingerdhout het wild gevlam
'n kunswerk in jou oog
het weerkaats
in donker bruinswart poele
het jou siel
naak
op my tafel gedans
woordeloos het ek vir jou 'n gedig
gestuur
ek kon jou voel
ruik
die stilte was hoorbaar
ons oë is al wat praat
toe my hand joune raak
het 'n druppel van jou
menswees
'n nuwe
oseaan
gemaak

Afspraak

Werner Wehmeyer

ek skryf vuurwarm briefies
met my tong teen die spieël
waar jy saans jou gesig room
sodat jou warm vrouwees
kan broei tussen sagte dye

ek hoor jou lag wat borrel
as my smeul sagte woorde
in spasies van jou hart anker
tot die diepsug van jou mond
jou lippe voorberei vir die nag

intiem gly die maan deur ruite
as jy net in vel oor lakens lê
in kloue van gister se onthou
bly jou oë vasgevang in tyd
tot my hand die deur oopmaak

Jy
Werner Wehmeyer

my eerste kyk
het jou diep kom plant
in die ryp verbeelding
van my gedagtegang

jy was saad
jy het ontkiem
jy het gegroei
jy het geblom

om my was die velde
'n vrolike kaleidoskoop
van kleur

toe ek jou pluk
was my hart hoogs swanger
en kon ek geboorte skenk
aan ons liefde

So

Marlena Bruwer

ervaar

ek jou

sintuiglik

totaal optimaal

met die

finale sagvou

van jou hand

en ek weet

soos slegs

die wat werklik

ware liefde weet

ek sal jou

nooit vergeet

Nag Ridder.
Dolla Lerm

Loop sag
op bloed
spore getrap
in my hart se
gistermaan.

Praat
sag óór
my heuwels
tydens my kilste
nag.

Hoor
sag wanneer
my hart
hunkerroep
uit gestolde
bloed.

Tas
sag
waar jy my
verflenterde
lewe
weer aanmekaarlas

Droomwens.

Dolla Lerm

In
alle mense
lewe daar drome

Drome
vol skugter wense

Wense
sonder grense

Grensloos.

Waar ware liefde
t y d l o o s
jou innerlike
l i e f k o o s
jou hart vul met die mooiste roos

Waar trane van vreugde
jou laat bloos en vrede
op jou drup
s o o s oggenddou
op 'n vars nuwe
roos.

Liefde in die agste van verlange
Herman Cantoni

Ver anderkant die horison
gallop
blouskimmel drome
soos toe ons jonk was
dit was daardie tyd
waar die hart
driftig kon bokspring
en liefde
nog net 'n voorvoegsel
in wit satyn toegevou
'n droom
op die omslag van 'n boek
sonder titel.

Soos die somers
tye nadersleep
omvou wit satyn
blouskimmel drome
waar liefde hygend
verander in 'n werkwoord
die titel op die omslag
liefde in harmonie
in die agste van verlange.

My meisiekind
Koos Emmenes

My oë verlustig hul
in jou skoonheid
in jou witrokkie
my meisiekind
Prinses jy sag in my hart
my hart lê sagkens in
jou sagte hande
terwyl jy skoenlapper
deur die kamers van my hart .

My oë
my hele wese
verlustig hul in
jou mooi
jou mooier
as die mooiste mooi
in my menswees
gooi jou lieflikheid
anker uit
terwyl jou glimlag
jou stem
my bekoor
soos net jy kan.

Die sagtheid van jou lyf
my hartklop teen joune
jou lippe
wals met myne
die liedeswals
jou tongetjie wat met myne dans en speel
laat eggo golwe deur my wese vasslaan :
ek het jou lief
lief
met my hele wese
bemin ek jou
my meisiekind .

Aan jou voete wil ek kniel
my meisiekind
voetewasliefde
gee ek vir jou
ewig
en ewig
want by jou
my meisiekind
het ek tuisgekom
in jou hawe
my hawe
ons hawe
van liefde en genot .

Wonderwerke gebeur

Mandy Mulder

Liefde is 'n oneindige
en onselfsugtige daad
sonder veroordeling
sonder haatspraak

liefde word bewys
in woord en daad
dit hou nie boek
van die kwaad

eens in 'n leeftyd gebeur
'n
w/o/n/d/e/r/w/e/r/k
jy...
ek...
ons...

jy is myne- my eie "wild horse"
saam wie ek elke rit aangryp met
opwinding en dankbaarheid

jy was nie net 'n droom
jy is 'n wonderwerk vir my
in realiteit beleef ek 'n sprokie
ware liefde en 'n reënboog ó so
m

o

o

i

sonder twyfel weet ek jy is die één net vir my
dit wat ware liefde genoem word-
is nie oral te koop of te kry
dis 'n liefde deur God uniek
en sorgvuldig uitgeskies
ons band is spesiaal

saam jou as maat
is geen haat of verraad
ek en jy liefling van my hart
deel ons daaglikse lewens met mekaar
in werklikheid word drome en sprokiesverhale
oor 'n lewe soos ons s'n vertel

soos 'n jong takbok het jy my gevind
in 'n woud tussen duisende vlinders
en die mooiste wild
ek was die enigste lewende
fee wat eenklaps my hart
op jou kon

v
e
r
l
o
o
r

jy is my aantreklike "wild horse"
ek jou spontane prinses in ons eie

s/p/r/o/k/i/e/s/w/ê/r/e/l/d

leef ons 'n lewe van seën
en genade uit die hand
van die Vader

jy is omgord met die belt van geloof
jy het geduld, deernis en liefde sonder
m
a
a
t

ons besit 'n hartlike en tere liefdesband
in jou onfeilbare liefde het ek my sielsgenoot

g
e

v
i
n
d
wat my tot groot
dankbaarheid bind
om jou deel van my lewe te hê
is my onverwagte seën van bo
ek het jou lief jy mag dit glo
ek staan by jou in
d
a
a
d

in woord...
in hart...
in siel...
my hart klop aanhoudend rondom jou
dis jou warm hart en mooi woorde
wat my siel laat dans en blom
ek koester elke mooi gebaar tussen ons
jy as my "wild horse" en ek... jou fee
Wonderwerke gebeur

Jou Delila

Natasja Franzen

Stadig
Versigtig
Presies
Pars ek die rooi akker tot fyn stof
Vorm ek die donker rooi op my vol lippe

Perfek trek ek die swart lyne met gemaalde Galeniet
om my blou groen oë
Beklemtoon die vorm
Die spikkels
Die droom

Ek vou die sag geweefde satyn om my hart
Vleg klein wit Daisies in my hare
Sprinkel die geur van lief-wees oor my lyf
Vir jou

Soet Rooi wyn
Speel melodie in kristal
Vang die flikker-lig van die kers
En ek
Ja ek
Wag

Wag om jou te verlei
Wag om jou gedagtes te omvleg
Jou toe te vou in 'n kleed van liefhê
Met drome van genot

want ek
is jou delila
jou asem
jou hartklop
jou eiland van rus

en jy
ja jy is my simson
jou
sal
ek
nooit
verraai

Soetwyn
Jessica Venter

ek nooi jou na my wingerde
vir pure genot
waar ek jou wil opwek
om aan my druiwetrosse te peusel
tot ek rukkend smeek vir meer
drink van my soetwyn
kom les jou dors
eet en drink
word dronk van ons liefde

ek wil sien hoe jou wingerd bot
ek wil jou smag teen my voel drup
as ek jou vrugte
se soet in my mond proe
met elke asemsnak
bruis die soet smaak van passie
deur my are
wil ek ons eenword
op my lippe proe
ons liefde
is lekkerder as wyn

Bethlehem
Aranka de Klerk

Hoor jy hoe roep ek jou naam vanaf 'n Bethlehem' se
krans
Voel jy hoe my fluistersoene eggo teen jou wang

Sal jy saggies vir my sê
dat jy my ook verlang
'wyl ek langs jou lê en hoop dat jy my ook nog wil hê
soos ek vir jou,
soos ek jou siel se nate wil omvou
en jou hart ontbloot in sy naakste rou

Sodat ek jou vir ewig kan onthou

Jy vind my nog...
Marsofine Krynauw

In die koel
aandlug fluistering
wil ek my tog verbeel
ek voel jou hand
so teer, so sag
oor my arms streel

dink ek tog
dat ek jou stem
nog hier
by my hoor
hoe jy sag
'sweet nothings'
fluister in my oor

ek voel jou arms
ferm om my sluit
die aand se koelte
skielik laat wyk
sag voel ek
die streling van jou lippe

dan die gloed
van jou liefdesvuur
wat my nog eenmaal
weer verteer...
my wil laat wegsmelt

in jou

weer

en

weer

en

weer

dan voel ek weer

die koel fluister

van die wind

wat streel oor my arms teer

tog weet ek

dit was nie net die wind

maar jy

jy wat my nog

hier in die aandskemering vind

so sal ek jy dikwels nog

hier wil ontmoet

as die sterre

aan die hemel my groet

die maan se strale jou

van die hemel

na my dra

wanneer my hart

in die aandskemer

hunkerend na jou vra!

My briefie

Annatjie Sandrock

Ek skryf vir jou n briefie
met lewenswoorde
dansende letters
geklee in ware liefde.

Ek plak op jou briefie
'n seël so prentjiemooi
geskilder in spatsels
van my hart se vreug.

Ek pos vir jou 'n briefie
op die vlerke van 'n veer
swewend na die diepte
van die siel van jou hart.

Ons Oseaan

Bonita van der Berg

branders golf tussen my en jou
soos my liggaam aan joune raak
verweef my siel in jou brandersproei
ek verdrink in die gety se eb en vloed
in liefde binne onpeilbare tyd...
ek verloor myself sintuiglik binne jou
ry op die dronkgety van dieptes en tyd
dryf binne jou ritme na vergetelheid!
tuimel-voos is ons op die strand uitgespoel
getjipte skulpe - halwes van 'n geheel

jóú stem is uiteindelik die een
wat my kwesbare vrouwees toegolf
gefolterd is ons slegs twee siele ter see
waar ons psigoties binne brandergewelf
wilde storms losmaal en ontkolk
wyl die wind ons tsunami storie vertolk
oor die oneindige uitgestrektheid
dobber ons gedagtes getormenteerd
versink ons in 'n futiele liefde
vaar ons van koers op verbode konstellasies
tot daar waar die horison vergaan
met slegs die wye see wat herinneringe berg
in sy diepste skatkamers begeertes opgaar
soekend na die passie wat ons immer bly terg
jy duik nie meer in my poele van plesier

jou beeld 'n dowwe mirage op die einder
die bomme ruk flenters uit my siel
oomblikke van onthou hunker in my hart
van minnaars tussen oorlog kontinente
ek staan alleen verwese by die punt
waar verliefdes op rotskruine balanseer
hulself net opoffer en vergaan
en ek sien nie meer ons oseaan ...
die silhouette verdwyn in digte mis
net jou fluisterstem wat my bly roep
die stormwind wat my wang kom kus ...

Vir oulaas

Annalene Boonzaaier

Vannag wanneer als stil word
wanneer stilte só stil word, dat dit eintlik weerklink
kom kuier jy vir my.

Ek dank jou hartuit
jou genadeskoot tref my
in 'n musikale portret .

Smeulgees en ligtelyf
keer ek terug om jou te tart,
te dwaal deur die drome van vreemde kennisse.

In verstommende ekstase
voel ek die koelte van geliefde hande,
ek opnuut bedroë en
moet ek die asem keer van wegraak.

Dit alles laat jy in my hart agter,
ná jou soveelste verhuising
ek opnuut bedroë

vir oulaas...

My hart se droom

Trientjie Malan

die dorstige duiwel drink
aan sy genot gulsig geniet
waar die vloek vrylik vloei
van verlore vryheid
van 'n gelukkige dogtertjie
wat sing en dans saam vrolike voëltjies
wat sy later verruil vir musiek van trane
saam met die eensaamheid en verlange
agter die simpel sleutellose slot

wat jare later daarna verander
van 'n gekreun en 'n gesteun
saam die gekla van 'n stoel se wiele

dit is hier waar ek
in my hart 'n droom vashou
dat 'n prins
oor daardie brug sal beweeg
om my hart te kom steel

Die dinge
Berend Mouton

Was ek jou voor
dat jy eendag sal besef
dat liefde nie net oor soene
en drukkies gaan
maar meer om die lyf het
...wat jou menswees eis
dit soek nie 'n halfhartigheid nie
...dit soek voluit
...heeltyd
want dit is 'n magiese abstrakte selfstandige
naamwoord
waarop ons se respek moet...akkoord

so liefde is nie sommer net so
...al kom dit van bo

Nagdans

Bernedine Koch

Pak jou hartsak
met hartstog en hoop
Ons klouter die sterretrappe
en gaan dans op die maan.

Sorgvry soos in 'n sprokie
Ons draai en ons swaai
op die ritme van die naglug
polsend verby planete.

Hooglied
Gert Jakobs

Soms fluister ek
in die aand
woorde van liefde
vir die Een
wat ek liefhet

verkeer intiem
fluister saggies
in my Geliefde se oor
ek's dan skoon
in ekstase

verloor my myself
heeltemal
tot diep in die nag
my Geliefde gee my meer
as wat ek verwag

KLiVR
(Kunsmatige Liefde in Virtuele Realiteit)
Floris van Zyl

Ons aanraking koud en bereken,
dra geen teken van ons vurige
verlede, begrawe benede
die kodering, die simulasie
van my onthou van ons.

Binne hierdie skynrealiteit
voer ons nogaltyd ons
liefdestryd, nie een bereid
om in te gee;
jy die verleier; die offer, ek.

My liggaam verteer weg,
bloot kneg van brein waar
plesier nou alleen programmeer word,
waar elektriese impuls ons lus
in tydlose loep (oor-en-oor) stoor.

Jou skoonheid kan nimmer kwyn,
herhaald' refrein ons ontmoetings nou,
nou sonder pyn ons nagte saam:
ons kodeks lê ontsyferd oop –
vry vloei ons nuwe liefdestaal, binêr.

Ons liefde vir mekaar was

meer maal onvoorspelbaar kras...
Na my assimilasie ook, sal ons
die heelal deurkruis, as kode
niks verbode binne die enkel ek.

Kamieskroon

Simon Riekert

Proloog:
Die bruin Citroën het uitasem sy vere laat sak by die
hotel se voorstoep.
Hy en ek was gaar gery.
Jou denim short het aan jou heupe geklou, jou rooi
spaghetti-toppie het met moeite vasgeklou aan jou
sagte skouers.
Jou kaal voete het 'n sweetspoortjie op die dashboard
gelos soos wat jy met uitgestrekte bene saamgery het.
Die vroeë aand was gasheer vir 'n skraal, warm wind.
Die wind was welkom, soos jou saamry.
Ek wou met 'n kaart betaal, hy vat net kontant.
Ons het die kar deursoek vir elke sent.
Uiteindelik het ons 'n vonds gehad uit die kattebak en
ons kon betaal.
Ons was bly.
Ons kamer was warm, met 'n geroeste dakwaaier wat
wiebel en kraak.
Die warm lug het taai wawielspore teen die
kamermuur gemaak en met die beige gordyne gestoei.
Ons het doelbewus oor mekaar gaan lê.
Jou koel, kaal lyf was 'n lafenis vir my tamheid.
Jou soet sweet, nog effens geparfumeer het my moeë
porieë gepenetreer.
Jou lyf se terg het liggies oor my bors gesloer,
momenteel daar gehang.

Jou kop vol vlashare het na sjampoe geruik toe ek jou
jong lyf omdraai.
Jou sagte tepels het my grys borshare geterg, terwyl
die see van chaos oor ons lywe breek.
Daar was 'n frekwensie sonder inspanning tussen ons.
Die laaste blos van die dag se sonsak het sag op jou
naeltjie gedryf.
In die hoek van die bedremmelde kamer het skadu's
my gekoggel.

Die verhaal:
Jy was daardie aand soos lappies woestyn in 'n ou
oase, eggo's wat stroom versnel oor 'n vervalle krans.
Ek wou ons rangeer tussen stasies van kom en laat los.
Maar jy het my tydelik ontglip soos 'n oorhoofse skadu
en in 'n mymerende reukvlaag bly lê.

Epiloog:
In die oggend het ons vlak grafte uitgestrek gelê op die
slagveld van koue lakens in 'n dooie bed.
Ek was weereens noodlottig verwond.

Vat 'n kans saam my

Tania Pascheka

As ek kon sou ek die seer van gister wegraap
die dinge wat jou in liefde laat twyfel vir jou wegmaak

as ek kon sou ek jou 'n rede gee om weer te gryp
na dinge wat jou lewe gelukkig afgerond sou slyp

as ek kon sou ek geen twyfel die tyd terug draai
om selfs die seer en wantrou van my doen te versmaai

as ek kon sou ek jou wêreld inkleur
met niks anders as geluk, vrede en vreugde se geur

as ek kon sou ek vir jou die mooi in die lewe uithou
en jou dag en nag in dit alles toevou

as ek kon sou ek jou twyfel en angs vervang
met dinge wat ek weet jou hart eintlik na verlang

as ek kon sou ek vir jou graag bied
'n lewe van 'n vrou se liefdes lied

as ek kon sou ek jou deur my oë laat kyk
na hoe wonderlik 'n man jy vir my lyk

as ek kon sou ek jou lense skoonvee
sodat jy jou perfeksie raaksien sonder enige wee

as ek kon sou ek jou uiterlike bekoor
jou laat verstaan hoe jou gelaat daagliks met my toor

as ek kon sou ek jou kies dag in en dag uit
sou ek saam jou leer die lied van ware liefde se geluid

as ek kon sou ek jou gelukkig wou hou
daar waar ons saam as een binne mekaar in vou

as ek kon sou ek jou waarlik liefhê
as jy kan - vat net 'n kans saam met my

Dagbreek

Dawie Louw

al moes dolf van niekerk

se son gaan struikel

en diederik in die bloedgras sterf

kon ek en jy

vanoggend opspring

en dolverlief met skaterlag

en glinsteroë

op ons eie son

se strale wag

Ek wil vir jou
Kudu Smit

ek

wil

vir

jou

helende hemels-nektar uit n heuningkoek tap

strelende salf uit 'n sonstraal sif

genesing in jou gees en gene genereer

as

ek

maar

net

kon

...een meer "hello"

Okkie Oosthuisen

Dit klink na 'n cliché en ek wil dit vermy
Maar my lief, dit is onbetwisbaar
Ons liefde vir mekaar

Ek sit hier en jy is daar anderkant
Ons tere liefde is ons pand
(Nog 'n cliche so erg as wat mens kry?)

Jy kla oor al die "totsiense" wat ons sê
"Totsiens" weer en weer
Dit gaan nie tussen ons lê
Onthou my lief
"Totsiens" is ok
As ons altyd een meer "hello" inkry

Gee My Jou Hand

Anton Bosch

Hierdie hart is tweedehands
gebruik gebroke gelate
my bloeiende hart is my offer aan jou
gebruik maar steeds bruikbaar
gebroke maar geneesbaar
gelate maar hoopvol
wat meer kan ek gee
vra en ek sal…

elke tree sal ek loop
elke traan sal ek droog voor dit val
vir elke twyfel in jou hart gee ek hoop
hierdie hart gee ek jou as pand
as jy saam met my sal loop
al wat ek vra is "Gee my jou hand"

Blou

Bernadette Yvain Pretorius

Jou oë is 'n oseaan van sianblou
gevlek met eilande
wit seesand lêgespikkel
tussen die golwe
van jou bodemlose liefde
wat teen my hart se rand
kom kabbel

Soos die appelkoos-oranje dagbreek
na die nag se verduistering
val dit my by:
jou liefde:
blou
blou soos vuur
want die warmste vure brand blou.

Met die aanloklikheid van die
soet spookasem blou in jou
hoe kan ek nie die uitnodiging
op jou lippe
sonder twyfel aanvaar?

Dit is toe 'n liefdesverhaal liefmens

Tina de Beer

Psssstttt... ons sal hier begin
om jou waar te neem, is om van jou te hou
om van jou te hou, is om verlief te raak
om verlief te raak, is om jou innig lief te kry
om innig lief te hê, is suiwere diep
ryk liefde in warmte harte

Jy sien so ordentlik lieftallig daaruit
jou amandel oë uitlokkend gefokus op my
liefkosend waarderend kyk ek jou aan
omhels die kontoere van jou ritmiese lyf
asof jy 'n hupstoot ontvang in spatsels sonskyn
lieflik getooi in madeliefies se blom
die geur van muskus wat jou swewend omring
soos die kalmte van 'n fluisterende wind

Jou stem klink lieflik in my ore Lieflingsmens
met volmond flirterende grasieuse taal
sal ons in gees fluisterend beloftes-drome deel
die maan se strale soos soetheid op jou lippe
wat proe na volrond rooiwyn
op 'n ysige koue hartseer dag

Is my afwagtende uitreiking sigbaar vir jou?
vertrouend my hand geoffer aan jou
en vra neem dit dan tog Lieflingsmens

ek belowe jou my liefde, maar bo alles my hart
verklarend dat jy bemin sal word
In voetspoor wat ons liefde laat

Geseënde hande omraam jou soel gesig
Kom lê hier veilig teen my bors
voer my jou liefdesmaal
in mate van 'n emmer vol gaatjies
wat gestop is met genadebrood
sodat die smaaklike geur daarvan op my tong
'n lewensband liefdesverhaal uitspreek

ek sien jou my lief
ek hoor jou my lief
ek ruik jou my lief
ek voel jou my lief
ek proe jou my lief
My lieflingsmens in wit madeliefies getooi

Roekeloos gevind

Adéle Lategan

Ek het jou vêr loop soek,
in elke kroeg en kerk.

Ek het pad gevat
sommer net roekeloos gery,
op van der Bijl vol gemaak,
in Colesberg Wimpy koffie gaan kry.

In Beaufort oor geslaap
steeds kon ek jou nie raak kyk.

Deur die Karoo elke dorpie gaar gedraai, dit was mooi,
net ek
en eensaamheid se lawaai.

Op Bettiesbaai my sus gaan groet bietjie by die
geduldige see gaan huil,
met botsende branders emosies uitgeruil.

Vêrder gegaan na Mosselbaai,
by my besties gaan draai...
weer al daai vrae, ek kon net lag en sê nee is steeds
net ek en die kat.'

Oos-Kaap, op van Stadensbrug gaan asem skep,
hier waar so baie moed opgee...

Eers teen laat skemer by die huis gekom,
jy het op die stoep sit en wag
jou oker oë smeul in die son se gang ,
jou gesig afgerond deur jou skewe glimlag

en my siel...

'Wil jy koffie hê?'

Koninklike maal
Philip Nel

Die somerson flankeer vandag op jou lyf
die brandersproei rinkink baldadig in die lug
waar seemeeue in vlerkswiep glans koketteer
so asof hulle weet van ons weet van ons hunker

my aandag egter op jou gevestig my heelal
in towermoment ontmoet ons sonder woord

op 'n drafstap nader jy my met geoefende tree
binne oomblikke verken jy Sy skepping
toevertrou aan jou om te betree en eienaarskap te
neem

vir n oomblik vergete dit wat buite dreigend draal
wanneer ons geruisloos oor ons eie oseaan trippel
en soos koninklikes aansit by ons liefdesmaal

Verdrink
Jessica Venter

die verlange
na jou
kom in golwe
sommige dae dryf ek
net op die deinings
van wat was
party dae
proe ek
die sout van my trane
wat meng met die sproei
van elke herinnering
maar dae soos vandag
slaan dit my wind uit
want ek
v-e-r-d-r-i-n-k-
in gister
se onthou

Ons tyd saam

Loret Zwarts

In my hart lê kontoerlyne van ek en jy saam
ons het gelewe nie net bestaan
die groen see waarin jou oë verdrink
laat my bloues onder joune sink
ons is die see van kalmte en storms
wat gee en neem
ons skippie is stukkend geslaan en so
klou ons stywer vas aanmekaar
swaar en seerkry geskryf op jou hande
harde klippe kou kners op ons tande
een kyk van jou sê duisend woorde
as ek begryp en my hart dans op natuur se akkoorde
jy is my bosveldvuur wat hitte bring
die halleluja lied wat ek in my hart sing
jy is my kremetart wat vas en moedig staan
die rooigrond voetpaadjie waarop ons verder gaan
die breek van die son oor die randjies in goud
gemonteer
elke dag wat ek nog iets by jou leer
die beste tyd van die dag is in die holte van jou arms
waar ek jou hartklop kan hoor
en die nag ons toesluit om God se stem te hoor

Waters van rus

Philip Nel

Met oë wat skugter skaam knip
slenterdraf jy deur my skanse
draai dan kamstig skaam weg

maar in enkele sekond' sien ek
jou oë wat myne ongesiens roep

sonder 'n enkele woord antwoord ek
jou nie fisiese vly haarself teen my

jy lei my hande na jou waters van rus
jy verkwik my met 'n gloeiende gloed

waarna ek smag vir eeue reeds

dan trek jy my nader ontbloot jou siel
en met trane soos watervalle
skilder jy dit waarvoor ek so lank wag wanneer jy sê:

Ek het jou L/I/E/F

Yin en Yang

Ansie Drotsky

Vadertyd ...
slyper van alles

word jare saam
die slypsteen ...

wat slyp
twee wesens

- totaal verskillend -

tot hul vorm
'n perfekte pas

word jy my
yin ...

ek jou
yang

is die een
sonder die ander ...

O-N-V-O-L-T-O-O-I-D

Na-Woord

die lewe gee ons die kans
om na daardie vier woordjies te soek
wat so dikwels wegkruip
tussen chaos
en...
ver-d r i e t

maar met die roep
van 'n spierwit duif
en die sagtrap
van jou spore oor my lyf
die verkenningstog van
jou mond wat smag na meer
gaan ons op 'n liefdesreis van begeer
en vind ons die vier woordjies tussen asems deur

en hortend gee ons mee...
ek...
    het...
        jou...
            lief...

Mag die liefde altyd seëvier in ons lewe en ons uiting
daaraan gee deur ons woorde.

Baie dankie aan al die digters wat deelgeneem het aan
die uitdaging en hierdie Liefde se maan(d) mooi gemaak
het.

Heleen Malherbe

www.ingramcontent.com/pod-product-compliance
Lightning Source LLC
Chambersburg PA
CBHW052040150726
48002CB00002B/691